AF599864

CARMEN ARDUÑA DOMINGO

AMARGURA

CARMEN ARDUÑA DOMINGO

AMARGURA

Prólogo
SANTIAGO GONZALO

HUERGA & FIERRO editores

Diseño de Colección: Huerga y Fierro

Primera edición: 2025

© Solapa y prólogo: Santiago Gonzalo

© Carmen Arduña Domingo
Derechos exclusivos de edición en castellano
reservados para todo el mundo

© 2025: Huerga y Fierro editores, S.L.U.
C/Sebastián Herrera, 9
28012 Madrid-España
Telf.: 91 467 63 61
www.huergayfierro.com
huerga@huergayfierro.com

I.S.B.N.: 979-13-990934-2-1
Depósito Legal: M-19286-2025
Impreso en Romadac Industria del Libro
Impreso en España/Printed and made in Spain

Cualquier forma de reproducción, distribución, comunicación pública o transformación de esta obra solo puede ser realizada con la autorización de sus titulares, salvo excepción prevista por la ley. Diríjase a CEDRO (Centro Español de Derechos Reprográficos) si necesita fotocopiar o escanear algún fragmento de esta obra.
(www.conlicencia.com; 34 91 702 19 70 / 34 93 272 04 47)

Prólogo

Recuerdo haber leído en alguna parte que el propósito de un escritor cuando da a la luz una obra suele ser la compartición de vivencias o sentimientos, dar voz a alguien, contar algo interesante o divertido... en fin, todo un mosaico de posibilidades.

En el caso de la ya dilatada obra de Carmen Arduña sin duda hay algo de todo eso, pero quienes la conocemos bien nos atreveríamos a aventurar otro propósito, la confianza cómplice con los cercanos. Sin necesitar humeante café ni cerveza en mano, hablarnos de corazón a corazón de las vueltas y revueltas que la vida trae. Viene a cuento un pensamiento que se atribuye a Napoleón, "el coraje no es tener fuerza para seguir adelante, es seguir adelante cuando no tienes fuerza". Carmen, ya en aquel lejano 2002 cuando apareció en letra de molde su primera obra Sin retorno, *demostró lo acertado de tal máxima. Desde aquellos no precisamente buenos momentos personales, ha ido compartiendo en su producción literaria vivencias y pensamientos en íntimos claroscuros que han ido mostrando una voluntad de firme trayectoria ascendente.*

Los claroscuros como alternancia de sentimientos contrapuestos, es en la obra de Carmen Arduña tan interesante como reveladora. Descubrimos que junto a palabras en valle que aparecen con frecuencia, como pesar, desventura, tristeza, olvido... aparecen otras en cresta, con igual intensidad, tales como esperanza, corazón, ternura, búsqueda, refugio, mirada...

> *"Habrá que esperar que la alegre albada/ traiga de su mano ese sol radiante/ que por fin ilumine esa mañana".*

Qué duda cabe que el equilibrio alcanzado por nuestra poetisa por lo que se refiere al fondo de su obra es pleno, lejos aquellas confesiones valientes pero desgarradoras, que mostraban sin embargo, una firme voluntad de no rendición.

Todo ello hace que el prólogo de este poemario sea en realidad un avant-propos *más que prefacio. Porque es de lo que se trata, una nueva invitación por parte de la autora a seguirla acompañando en su profunda introspectiva sentimental.*

No podía terminar este breve saludo a Carmen Arduña, sin referirme a su factura, a su urdimbre, el soneto, el bellísimo cañamazo de más que difícil métrica, y cuya elaboración cuidadosa y sistemática aparece especialmente reconocida en el Arte Poética *de Boileau:*

> *"Sierva es la rima, obedecer le cabe/ quien primero en buscarla se afana/ hállala luego dócil a su mente/ de la razón al yugo al fin se rinde/ y lejos de dañar, sirve y adorna".*

Y aún completa que el dios Apolo, precisamente para probar a los rimadores:

> *"Rígidas leyes prescribió al Soneto [...] toda licencia prohibió en tal obra/ cerró la entrada a todo verso débil/ y así en fin lo adornó, que si es perfecto, al más largo poema en precio iguala".*

Tan solo me queda por añadir esa conocida interjección operística, bravo! que precede a los aplausos. Si es así, permítaseme en función del afecto, que emplee el superlativo: Bravissimo, *Carmen.*

SANTIAGO GONZALO

A mi hermano in memoriam
A Albert la razón de mi vida
Y a quienes de dulzura llenan mi existencia.

AMARGURA

No dejéis que nadie os robe la alegría ni os arrastre a su mundo de amargura.

RAMÓN TORRES

Llegó la amargura casi de repente
y comenzó ese largo camino
que llevaría sin ningún destino
a ese profundo pesar siempre cadente;

en el que anidaba aquel permanente
pesar de ese humilde peregrino
que siempre dejaba por el camino
aquel dolor que mataba lentamente.

Queda ahora esperar que el nuevo día
traiga de su mano aquel amor perdido
en una senda solitaria y oscura

donde hace tiempo siempre se escondía
ese pesar que siempre deja el olvido
y aquella vida que hoy es sólo desventura.

Aquel triste recuerdo del olvido
llega siempre en ese silencio callado
que consigo trae a menudo apenado
ese corazón que hoy se muestra perdido;

pero aún busca todavía dolido
ese extenso mar casi siempre azulado
donde se hundió aquel amor desolado
que hace tiempo se quedó afligido.

Es ahora todo pesar y amargura,
aquel lento discurrir de esa vida
que ahora discurre triste y desolada

en medio de esa noche siempre oscura
donde se escondió para siempre perdida
aquella esperanza ahora abandonada.

A pesar del amargor que a veces deja la vida
llega el momento de seguir adelante
para que se marche ese pesar constante
que siempre deja tras de sí la huida;

y también aquella hoy perdida
alegría que espera
gozo que a veces llega en ese mismo instante
que algunas veces la existencia olvida.

La hora llegó de que el nuevo día
traiga consigo ese amor ahora perdido
que aún espera desesperadamente

el pronto regreso de esa alegría
hasta tiempo parte del olvido
siempre logra un final doliente.

Ese amargo dolor del olvido
dejó la existencia desolada y perdida
y el triste rastro de otra nueva huida
que dejó aquel cariño para siempre perdido;

tan sólo quedaba a menudo escondido
el triste recuerdo de aquella vida
que todavía buscaba desvalida
refugio para su corazón herido.

Queda ahora pesar y añoranza
en esta triste y desconsolada existencia
que a pesar de todo esperaba que un día

regresase de nuevo esa esperanza
ó aquella ternura ya casi perdida
y con ella lo que aún quedaba de alegría.

Sufrir que mata aquel amor cautivo
en ardiente dolor de fuego y flama,
ó ese helado pesar que ahora derrama
ese cariño lejano y ahora perdido;

amargura que alimenta ese doler esquivo
que arde con un fulgor que siempre inflama
aquel fuego encendido de una llama
que prendió ese pesar furtivo.

Sólo queda esperar que algún día
regrese nuevamente aquel destino
donde una vez se perdió la esperanza

y retorne por fin esa alegría,
ahora escondida en un oscuro camino
en el que la ventura jamás se alcanza.

Pasa esa mano por la piel desnuda
el perfil de los labios por aquella boca
y con las manos el cordel que azoca
a ese ser ya la vida; sombra y duda;

su voz será otra vez silente y muda,
la mirada la luz que tanto invoca,
ese negro pesar que solitario evoca
el umbrío dolor que hoy la desnuda.

Pues el vivir es ahora llanto y pena,
verso sin rima, pesar, olvido y amargura,
lento sufrir, dolor, cárcel, condena,

llama que abrasa, hielo, desventura,
prisión, espino, rada sin arena,
dile que al fin se romperá cruel eslabón de su cadena.

En qué rincón se quedó aquella espera
que cobijaba un amor desolado
aguardando ese instante esperado
que algún negro presagio dejó fuera;

quién dio al alma su ser de prisionera
y aquel placer ya por abandonado
cuando apenas ni se había apartado
de aquel dogal que servía de barrera.

Hoy todo tiene el color de esa pena
que se clavó como un dogal maldito
y deja para siempre esa amargura

que cual puñal atraviesa la vena
dejando un corazón que casi marchito
se ha de morir en una noche oscura.

Aquel pesar de profunda hondura
dejó esa realidad triste y desolada
esperando no siguiera confiada
esa existencia llena de amargura;

pero llegaba otra vez aquella noche oscura
que acabó con esa hermosa albada
y triste paisaje de aquella ensenada
en la que todo se llenó de desventura.

Dónde queda ahora esa triste vida
que caminaba sin rumbo ni destino
porque hace tiempo su luz se había oscurecido

para dejar triste y afligida
aquella esperanza en un oscuro camino
donde hasta el querer se encontraba perdido.

Cuando la tibia luz despierte ese día
junto a ese cuerpo seguirá tendida
y a esa amargura apenas retenida
se atará ese deseo que hace poco se perdía;

será en su despertar una luz sombría,
el ansía de ese amor ahora perdida
y aquella ternura a menudo escondida
ahora sólo llena de melancolía.

No quiere ser parte de otro duelo,
tampoco un horizonte sin deseos
sino aquella espera tardía de consuelo;

busca ahora ser la voz de esos anhelos
y esa paloma que olvidó en su vuelo
el sonoro silencio de sus aleteos.

Llega pronto el final y se desploma
esa amargura a menudo amurallada
mientras la noche espera esa alborada
que lentamente con su luz asoma

un frío amanecer y aquella aroma
como esa tierra apenas escarbada
ó quizá solamente ya entonada
el siempre triste canto de aquella paloma.

Y ya en la tarde aquella sangre roja
de los que se quedaron en la mina
sea un triste olvido que aún quisiera

recordar para ese pesar que siempre aloja
aquella esquela triste y anodina
en un telediario más cualquiera.

Otra vez el recuerdo será tan sólo olvido
y quedará la marca de aquella huida,
esa amargura que nunca está perdida
y la truncada rama de aquel olivo;

ese silencio casi siempre cautivo,
aquella tristeza a menudo escondida
ó esperar que alguna vez la vida
recupere ese cariño ahora fugitivo.

Vuelve otra vez un doler repentino,
aquella angustia cuyo doler aún perdura
sobre esa tristeza siempre permanente;

habrá que esperar que otro nuevo destino
salga por fin de aquella amargura
donde su pesar siempre está presente..

Se desperezа en medio de su letargo
lo que no pudo ser ó es tan apenas
otro nudo anudando las cadenas
sobre un futuro preñado de embargo;

que ha de traer como maldito encargo
un porvenir nacido entre condenas
y ese futuro siempre lleno de penas
donde se instala aquel sabor amargo.

En un oscuro recodo de la vida,
con esa precisión de lo imposible
surgirá solamente el más triste desvarío,

un haz de luz apenas encendida
que de mostrar de nuevo ese terrible
fiasco infinito de otro desafío.

Todavía abrazada a una cerveza
busca en la soledad de su aposento
que no quede ese amargo lamento
donde alocadamente perdió su cabeza;

en un futuro sin ninguna certeza
reniega de ese necio juramento
que una noche se llenó de aquel tormento
y de aquella terrible pereza.

Ya no es mujer que recuerde su olvido,
ni le amarga llegar de madrugada
ó saberse en el final de ese destino;

tampoco el llanto de un amor perdido
cuando apenas llegaba esa hermosa albada
desde un oscuro y lejano camino.

Amor que sólo deja en su destrozo
amargada hasta el alma y escondida,
otra doliente espera ya perdida
ó apenas el recuerdo de un esbozo;

extraños han de ser olvido y gozo,
cercano el sangrante dolor de aquella herida
que cruelmente atraviesa esa vida
hasta morir de pena en un oscuro pozo.

¿Y hacia dónde escapar si siempre el llanto
agita su pesar sobre un oscuro espejo
y el recuerdo entristecido de la vida

deja tan sólo pesar y quebranto,
aquel cariño del que queda sólo su bosquejo
y otra existencia desolada y perdida?

Sea la sangre derramada roja
y desplegadas las banderas que mañana
ondearán desde una hora temprana
aquel pesar que esa penosa vida arroja;

cuando orgulloso el nuevo hombre recoja
su fecunda cosecha color grana
y así lograr que esa tediosa desgana
sea triste amargura que vivir no deja.

Y todo volverá muy lentamente
a retornar de un tiempo ya pasado
en el que nunca cabe la ternura

ni aquel amor que llegó calladamente
y ahora es un universo desolado
pleno de pesar y amarga amargura.

Pasa la vida toda sentimiento
ó a veces solamente otra amargura
y aquella noche desolada y oscura
que llenó de tristeza ese pensamiento;

cobarde se acomoda casi sin aliento
lo poco que aun quedaba de ternura
y aquel dolor que a menudo procura
curarse de un pesar que llegó con el viento.

Muy poco a poco va ganado peso
esa existencia sin ningún sentimiento,
mientras aún aguarda el placer de ese beso

que un lejano día dejó siempre preso
el cálido rastro de aquel solano viento
que traía un corazón que perdió su camino de regreso.

De reposado mar nació aquel gozo,
de cantarín torrente la alegría
y así ocultar esa melancolía
que hace tiempo se hundió en un oscuro pozo;

de los ojos resbale ese sollozo
donde sólo la amargura pervivía
y ese pesar donde siempre ese escondía
aquel cariño que hoy era destrozo.

Habrá que esperar que la alegre albada
traiga de su mano ese sol radiante
que por fin ilumine esa mañana

ahora triste y un poco apagada
porque siempre el dolor llegó en ese instante
que traía una vida triste y desolada.

Aquel dolor de profunda herida
sólo dejó un rastro terrible de amargura
y cercana aquella noche siempre oscura
en la se encontraba casi siempre escondida

esa templanza que tuvo un día la vida;
ahora transformada en dolorosa tortura
porque sin esperarlo llegó esa locura
que hace mucho tiempo se creía perdida.

¿Cómo encontrar ahora esa templanza
que calme el dolor de ese corazón malherido
en el que siempre quedará lejano

aquel oscuro camino de la esperanza
y aquel amor que ahora camina sin rumbo ni destino
que aún buscaba la alegría por más que fuera en vano?

Cercana se instaló esa despedida
y tan lejano el rastro de aquel gozo
que en lo profundo de aquel oscuro pozo
se hundió un dolor donde ahora sangra esa herida;

verdad será que ya no queda vida
para un nuevo destino para el desalojo
de aquel amor ahora amargo destrozo
porque el cariño ya emprendió su huida.

Y otra vez se llenó con aquel vacío.
de esa tristeza que apareció con premura
cuando el querer era sólo un baldío

aguardar al fin que aquella amargura
saliera al fin de ese hondo pozo donde el frío
helaba la templanza de esa noche oscura.

Aquel dolor de profunda herida
consigo trajo un rastro de amargura
que se ocultaba en aquella noche oscura
tras el recuerdo doloroso de otra huida;

a la espera de que tal vez la vida
nuevamente trajera consigo esa ventura
que en sus manos traía aquella ternura
ahora desolada triste y desvalida.

¿Dónde encontrar al fin esa alegría
que hace tiempo escapó temprano
para sólo dejar pesar y desventura

y aquella esperanza que aún creía
para el regreso de aquel cariño hoy lejano
y además preso de cruel tortura?

Cómo esperar del cielo una ventura,
siquiera algún atisbo de esperanza,
tal vez la sensatez cuando se alcanza
la más profunda y dolorosa locura;

dónde esperar no repose la amargura
sobre el filo afilado de esa lanza
que nuevamente arrancó esa templanza
perdida en esa noche siempre oscura.

¿Por qué ahora ese gozo ausente
busca en la soledad de aquella ausencia
rescate sin pagar como castigo

otro ajeno vivir que al fin ahuyente
aquel dolor llegado sin licencia
al que el cruel destino trajo otra vez consigo?

Amargura que camina en línea recta,
almas saliendo de un profundo vacío,
voces que aparecen como un desafío
u otra muerte terrible que trajo aquella secta;

la desesperación casi perfecta,
nn nuevo amanecer siempre sombrío
que la llegada anuncia de otro frío
ss cuanto la soledad a menudo proyecta.

Y mientras revolviéndose en el lodo
busca esta humanidad en su quimera
la exactitud extraña de la nada,

esa respuesta perdida en un recodo
aunque al final a menudo llegue postrera
otra jornada más solitaria y apagada.

Ese amargor sumergido en hondo pozo,
aquella templanza ahora medio escondida,
otra ternura ya casi perdida
ó esa alegría que hoy es sólo un esbozo;

no ha de quedar ni rastro de aquel gozo
sino el dolor punzante de esa herida,
la cercana amenaza de otra huida
y esa existencia plena de destrozo.

¿Hacia dónde escapar si sólo el llanto
agita hoy su pesar y en el espejo
ensombrecido en un tiempo vacío de vida

queda tan sólo el pesar de ese quebranto,
la eternidad lejana ó su reflejo
y otra ventura que hoy camina perdida?

¿Quién calmará sus penas si la dejas,
cómo podrá acallar, eco maldito,
este mudo olvido, tan sólo un grito
de llanto y de pesar cuando la alejas?

Rompe ya los candados de estas rejas
que aprisionan ese corazón contrito
y aquel pecho donde siempre queda escrito
ese recuerdo de amargura, pena y quejas.

¿No sientes cómo espera conmovida
el temblor de esa piel como un lamento
esa fruta casi en flor y desprendida?

Invocará hasta el acabamiento,
y esperará, si es cierto que aún hay vida,
que por fin se aleje el maldito sufrimiento.

Desanda poco a poco cada paso
con que ató su destino, ya no hay vuelo
para ese amargo pesar que nunca toca suelo
y un dolor sumergido el fondo de un vaso;

hoy llega la ternura con retraso
y solamente queda amargura y duelo
que no cabe esperar ya otro consuelo
en la tristeza gris de aquel ocaso.

No sentirá ya más esa pasión esclava.
ni aguantará jamás otro doloroso envite
que muere por vivir, le da la gana

dejar tal como está esa calma brava
pues no quiere saber de ese escondite
donde poco a poco el amor se desgana.

Nadie piense hoy aunque se grite alto
que ahora es sólo por ser amarga pena,
el eslabón perdido de otra cadena,
tristeza, pena, dolor y sobresalto;

la dureza feroz del negó asfalto,
aquel pesar que el alma aún envenena
ni ese dolor que siempre se encadena
mientras pierde su amor en otro asalto.

Es porque quiere ser hembra sin nido,
ávida de la luz hermosa de aquel puerto
que sabe pagará por lo que ha sido,

si bien su amor enterró en aquel huerto
y no quiso saber que malherido
buscará ese placer que ahora está muerto.

No quedará cuando la luz despierte
aquella aurora siempre deseable
y sobre esa tristeza inagotable
otro dardo que por siempre acierte

con su fiero doler que ahora convierte
aquella noche en amargor interminable
mientras el filo afilado de aquel sable
apunta hacia un dios que ajeno se divierte.

Sobre otro lecho descabalgo un destino
que se busca todavía a dentelladas
entre las ruinas de ese sucio escombro

la nueva ruta en ese oscuro camino
en el todavía las luminosas albadas
buscan su refugio bajo aquel cálido hombro.

Grita la muerte en vano y desbocada
desde las negras fauces del tirano,
sin miedo avanza al paso de esa mano
ávida de matar y ensangrentada;

huye esa vida apenas pronunciada,
desde el nunca jamás el cercano
olvido que aún espera aquel lejano
sentimiento de vida rescatada

sobre una huida que a su paso acoge
los sueños de miseria, esa amargura
que el paso corta a esa soleada mañana

mas no sabe si la razón recoge
tanto dolerse buscando la ternura
ó si a solas amargada se desgrana.

Avanza poco a poco, lentamente
la extraña lucidez de esa amargura
y apenas en esa enorme hondura
queda un triste recuerdo todavía latente;

ó un gramo de calor que al fin caliente
ese lecho en aquella noche oscura
donde el cruel amor dejó su mordedura
en esa cama casi siempre doliente.

Llega ahora el tiempo de la ausencia,
aquel recuerdo que hoy es triste olvido
y un mundo lleno de pesar y quebranto

donde se escondió aquella presencia
de la que un día huyó ese corazón herido
hoy solamente dolor, pesar y llanto.

Llega la noche apenas alumbrada
y surge en lo profundo de esa entraña
esa amarga amargura con que acompaña
suave la luz partiendo en madrugada;

vuelve otra vez esa herida ensangrentada
a doler de esa forma siempre extraña:
se fue ese amor que calmaba aquella saña
en el cobijo azul de una ensenada.

Todo se torna olvido nuevamente
y aquel dulce calor que el alma ansía
vuelve de nuevo a ser como la ausente

triste ventura que se fue de repente:
por eso no habrá ya paz ni porfía
para albergar ese amor dulce y silente.

¿Quién calmará sus penas si la dejas,
cómo podrá acallar, eco maldito,
este mudo olvido, tan sólo un grito
de llanto y de pesar cuando la alejas?

Rompe ya los candados de estas rejas
que aprisionan ese corazón contrito
y aquel pecho, pues de ese amor ahíto,
se duele de amargura, pena y quejas.

¿No sientes cómo espera conmovida
el temblor de esa piel como un lamento
esa fruta casi en flor y desprendida?

Invocará hasta el acabamiento,
y esperará, si es cierto que aún hay vida,
que por fin se aleje el maldito sufrimiento.

Apenas entornada la hendidura
de ese cuerpo rompiéndose allá abajo
aún aguarda placer, suave relajo
ó una extraña pasión de negra hondura;

busca cómo encontrar en la negrura
cualquier sucio destino ó un atajo
por el que al fin se escape desde abajo
ese pesar que es dolor y amargura.

Pero queda solamente la ausencia,
el recuerdo de un terrible desafío,
el rastro que dejó aquella emboscada,

ese pesar llegado sin licencia
que un día se anegó en ese oscuro río
donde quedó para siempre desolada.

Sola pasó esa vida y sin sentido
buscó entre los deshechos de la vida
algo con que curar aquella herida
que aún quedaba de lo mucho vivido;

inútilmente buscó en el olvido
algún recuerdo pero perdida
quedó como una perla escondida
esa respuesta en un lugar perdido.

El pesar ahora siente y un hastío
casi abismal abrazando su existencia
hasta enterrar en medio de la nada

el insondable abismo del vacío
ó el triste resto de esa mala conciencia
que todavía camina amargada.

Llenos están los pasos del vacío
que aquella amargura trajo consigo
para tornarse de nuevo en impaciencia
como la última luz de un sol tardío;

e insistente se afana en el baldío
sentimiento de ventura e inocencia
que apenas si despierta en la conciencia
un halo tibio saliendo de su frío.

Dónde encontrar el sol de la mañana,
la serena quietud de la templanza,
un despertar temprano y sin acoso

o tal vez cuando la luz desgana
aquel tiempo perdido de esperanza
que traiga al fin aquel dulce reposo.

Llega la noche apenas alumbrada
y surge en lo profundo de esa entraña
esa triste amargura con que acompaña
suave la luz partiendo en madrugada;

vuelve otra vez esa herida ensangrentada
a doler de esa forma siempre extraña:
se fue ese amor que calmaba aquella saña
en el cobijo azul de una ensenada.

Todo se torna olvido nuevamente
y aquel dulce calor que el alma ansía
vuelve de nuevo a ser como la ausente

triste ventura que se fue de repente:
por eso no habrá ya paz ni porfía
para albergar ese amor dulce y silente.

Impaciente aún espera esa visita
y el olvido se demora hasta agotarse
ya no hay nadie cercano que desarme
este lento pesar que hoy tanto marchita;

surge otra vez la soledad maldita
que afila su presencia hasta abrasarse
y alumbrará su rostro donde darse
otra espera de ausencia ya prescrita.

Se agota el tiempo y otra vez la tarde
anuncia esa amargura nuevamente
que de pesar colmará aquel día

en el que sentirá siempre inclemente
aquella llama donde a menudo arde
siempre una luz llena de cobardía.

Torna otra vez rompiendo su desmayo
esa quietud que dejó la triste ausencia
que busca en lo profundo de su esencia
el tibio sol que nos regala mayo;

apenas si aparece de soslayo,
lleno aquel ser de pena e impaciencia,
la vuelta del solaz o la vivencia
de esos sueños que quedan en ensayo.

Mas otra vez y tras aquel rayo
que limpiamente cruza la ventana
el reflejo del sol vuelve otra vez a atarse

a este vivir sólo amargo desmayo,
lo que no pudo ser y ahora asolana
luminoso este sol hasta cegarse.

Quiso la vida ya calmar el pensamiento
de este amargo rumor que pronto empieza
a recordar sin pizca de grandeza
que todo se fue al traste sin más miramiento;

salir al fin del negro abatimiento
y alcanzar otra vez esa belleza
que acaricia con su suave clareza
un despertar de nuevo en otro aposento.

Pero llega la noche y nuevamente
la ventura se torna prisionera
de lo que es otra vez sólo quebranto

y el mañana se encuentra de repente
en un vivir que es siempre una quimera
donde a veces se marchita esa flor de acanto.

Rojo el amanecer y ese horizonte
donde busca la vida algún reposo,
sentir que ya acabó por fin su acoso
este penar para que no lo afronte;

vuelve a subir amargada y rota el monte
con un paso inseguro y tembloroso
tratando de encontrar final glorioso
que se lleve esa pena y la desmonte.

Pero sigue la vida e implacable
va marcando su ritmo cada día
y aquel paso no puede en su doliente

caminar hasta alcanzar la amable
ventura donde reine esa alegría
de ese amor que ahora despierta impaciente.

Un rayo de sol hoy sobre aquella era
dorando con su luz el nuevo día
y siempre deja el rastro de esta ombría
donde la amargura altiva se recrea;

en transparente cielo ya azulea
celeste ese mirar que amanecía
mientras la ventura casi no podía
abrazar esa luz que aún alborea.

La vida es un otoño que se escapa
sin poder sujetarlo entre las manos,
un suspiro de amor, una quimera

o tan solo ese sueño que en su capa
guarda el recuerdo de aquellos hermanos
que un día nos robó esta primavera.

Va quemando las horas lentamente
y el cigarrillo apenas si retiene
ese tiempo fugaz que no detiene
aquel dolor amargo en esa mente;

la ventura apenas si es consciente
de sujetar esta pena que deviene
en un denso silencio que aún retiene
ese amor ahora un doler siempre doliente.

Se apaga el día y su luz no alcanza
a disipar la pena de esa ausencia
que sin reposo quemará en su torno

la soledad maldita de esta danza.
para morir buscando una presencia
en la quietud, amor, de otro retorno.

Ayer volvió el pasado a ser presente
cuando rota de amor y desolada
quiso buscar en medio de la nada
esa ventura que ahora siempre está ausente;

otra vez sintió a notar esa mano de repente
en la aquella que estaba abandonada
y buscaba doliente y agotada
aquel placer que se llevó un relente.

Y un día más volvió a buscar reposo
en el triste recuerdo de esa ausencia,
en el penar amargo y doloroso

de esa vivir que nunca da clemencia
cuando busca con paso tembloroso
nuevo cobijo en la paz de otra presencia.

Por qué marchó el amor ya tan temprano
para dejar amargada y desvalida
aquella soledad ya siempre herida
sin el calor de ese querer hermano;

por qué volvió aquel ardor cercano,
esa ventura doliente y malherida,
por qué otra vez tornó esa malquerida
a recordar ese tiempo tan lejano

en el que nadie podrá aunque pudiera
olvidar el calor de esos abrazos
o esas caricias que siempre fueron tiernas;

ni esos cálidos besos que aún quisiera
nuevamente sentir entre esos brazos
y aquel sagrario que custodian esas piernas.

La ventura se perdió casi al instante
y apareció en ese pecho ardiente una punzada,
una pena profunda e incrustada
que dejaba esa vida rota y anhelante;

todo volvió otra vez al inquietante
vacío que quedaba en esa almohada
que rota de dolor y amargada,
sólo notó de nuevo el acechante

miedo de estar otra vez perdido.
Y retornó de nuevo ese inmenso vacío
que dejó aquel amor hoy tan lejano

sabiendo que el recuerdo hoy triste olvido
será otra vez como aquel sol tardío
que apagó ese placer tardano.

Debería perderse esa mirada
en esa vida triste y ahora desolada
para volver a esa voz ahora callada
que sólo busca en esa existencia hoy amargada;

y aquella soledad que dejó en una almohada
la luz de aquella hoy lejana alborada
que abandonó para siempre aquellas apenada
existencia triste y desolada.

Es hora de esperar que un nuevo día
traiga esa ventura ahora casi perdida
por un camino triste y ya lejano

en el que un día se olvidó esa alegría
que hasta hace poco llenaba la vida
y que hoy es sólo un amor que no tomó esa mano.

Vivir es un doler que nunca cesa,
una estela sin luz y hoy apagada,
un sentirse tan sola y desolada
como un rayo de luz que se dispersa;

es volver casi siempre y sin sorpresa
a esa ventura que no tiene alborada,
sino tan sólo una voz amargada
que implacable, ay amor, siempre regresa

para llenar esa vida del vacío
de aquel placer hoy ya casi perdido
y de esa soledad que buscó su huida

en las frías aguas de aquel río
ese recuerdo convertido triste olvido
de aquella amargada y triste vida

Guarda la piel el dulzor de aquel beso
y en la boca el sabor de esa dulzura
que se siempre se quedó como tortura
en aquel lecho al que se llega sin ningún regreso;

sentirse de ese ser amante preso
y morir de pesar en la espesura
de esa amarga y silente desventura
donde el penar casi siempre está apreso

y que deja aquel ser tan abatido
que no puede por más que lo quisiera
olvidar el calor que hay en ese lecho;

o ese mirar que sobrevive aún dormido
para decir por más que lo no quiera
vivir ningún amor bajo otro techo.

Lanzó un grito mas nadie le responde
y busca entre las ruinas del destrozo
salir al fin de ese profundo pozo
para que aquel dolor ya no se ahonde;

hoy no encuentra esa paz que ahora se esconde
en la amargura gris de aquel sollozo,
sobre ese recuerdo que ayer fue de gozo
y ahora tan solo este doler en donde

se refugia aquel triste pensamiento.
Y ahora la vida sólo se asemeja
a un doloroso pesar que la hace prisionera

de lo que fue un amar sin miramiento
y a un nuevo amanecer que siempre aleja
esa esperanza que el amor dejó fuera.

Busca otro amor pues sola la dejaste
pero no halla jamás ese retiro
que le traiga la paz; por más que mira
no encuentra ese sosiego que llevaste

en tu cálido seno y te marchaste
en silencio, sin dejarle un suspiro
que calme esa amargura hoy terrible giro.
Pero tan presuroso te alejaste

que no pudo decirte que ahora empieza
esa andadura tan triste como perdida
y que ya no podrá por más que quiera

encontrar el calor que ahora comienza
sino sólo esa tristeza desvalida
y enterrada en una senda cualquiera.

Vuelve otra vez la ausencia a recordarle
que al marcharte dejaste desvalido
aquel corazón casi perdido
después de aquel partir sin consolarle;

torna otra vez esa llama hasta abrasarle
aquel pesar amargado y abatido
que no encuentra la paz cuando dormido
aún busca ese calor al que abrazarse.

Sólo vuelve otra vez esa punzada
que duele de dolor y de impaciencia
cuando busca doliente y apenada,

rota de amor, tan solo otra presencia
que calme con la luz de otra alborada
este penar que le dejó esa ausencia.

Torna esa triste luz de amanecida
y siente amargada y sin tardanza
ese pesar que le dejó cual lanza
el momento cruel de otra nueva partida;

vuelve a sentir ahora dolorida
ese doler terrible de esa branza
y su ser maltratado ya no alcanza
a romper el candado de esa brida.

Regresa nuevamente aquel retorno
donde un día le diste esa ventura
y ese calor que siempre fueron besos

cuando rota y amor y como ausente
buscó en los confines de otro mundo
un refugio de amor siempre caliente.

Sólo encontró amargado e inclemente
despertarse en busca de una huida
que pusiera final a la fluida
tristeza de un doler siempre doliente;

siguió sólo buscando aún impaciente,
ya rota de dolor y derruida,
ese placer que ansío hoy aterida
en tu cuerpo para que la caliente.

Pero otra vez la miel de aquellos labios
es un placer que casi siempre se aleja
para dejar tan solo y en venganza

aquel amor que perdió aquel día
cuando rota de pesar y desvalida
rompió por fin la argolla de esa branza.

Quisiera hoy escribir amante un verso
y que sea ya sólo otra alegría,
un despertar gozoso cada día
y el caliente sabor que hay en su anverso;

el corazón no tiene ya reverso
y lleno está de un doler que confía
en alcanzar sin ninguna porfía
el despertar en un nuevo universo;

mas no consigue por más que el alma quiera
alcanzar la paz de otro nuevo lecho
ni a conseguir que jamás implore

ese amargo recuerdo que hoy quisiera
desprenderse por fin de este deshecho
que hace que ese penar siempre empeore.

No quiere sentir más ese destrozo
que quedó como ese triste consuelo
cuando rota de amor y desconsuelo
sólo oía la voz de aquel sollozo;

y buscaba sumida en hondo pozo
salir por fin de ese pesar tirado por el suelo
que inocente mordió ese amargo anzuelo
creyendo que era gozo y alborozo.

Pero hoy quiere romper su abatimiento,
ponerle fin a tanto desafío
y a tanto afán que llevó un día el viento;

necesita pensar que hasta el sarmiento
tiene un fruto que nunca es ya baldío
porque calma por fin el sufrimiento.

Te fuiste, la dejaste desvalida
y empezó ese doler sin retroceso,
esa pena ya sin más otro proceso
que saberse sin ti ya siempre herida

pues así la dejó aquella amarga huida;
ahora espera que vuelva ese regreso
y librarse por fin de ese hondo peso
que no sujeta ya ninguna brida.

Todo vuelve al dolor de esa atadura
que no pudo romper cuando marchaste
y que está junto a ella siempre al acecho

esperando alumbrar esa ventura
que le dio ese amor que ayer mostraste
y hoy es sólo el vacío de este lecho.

No quisiera decirte que aún te añora
desde el dolor que le dejó esa ausencia
y que sólo queda ahora por vivencia
este doler desde el que hoy te llora

y que rota de amor ya sólo implora
sentir para siempre esa presencia.
Pero la vida casi siempre silencia
este penar con el que ahora decora

la tristeza profunda de esos sueños,
este amargo vivir que es sólo pena,
añoranza de recuerdo y olvido,

esos amores que ayer fueron ensueños
y hoy solamente el final de una escena
en la que el amor se da ya por perdido.

Mueve las piezas hoy por la mañana
para ver si se fijan en la mente
pero sólo se queda muy presente
otra jornada gris que siempre gana;

se apodera de nuevo la desgana,
ese vacío siempre tan latente
y busca en lo profundo de esa mente
un rescoldo que ahuyente esta galbana.

Todo se torna gris en el momento,
no hay resquicio que detenga esa pena
ni calme ese amargor que buscando su salida

taladra con dolor el sentimiento
y rompe ya el final de aquella escena
de una existencia que ahora está perdida.

Campos de Castilla escribió Machado,
yermos de Aragón lloro yo ahora
mientras mi corazón contrito implora
en este erial hoy casi abandonado

y que el cierzo despertó ahora callado
en esta tierra siempre receptora
porque siempre en su seno aún atesora
aquel amor a menudo amargado.

Negra llega la noche y nuevamente
vuelve la soledad de esa existencia,
aquel vacío que llena la vida,

tanto dolor que atenaza amargamente,
ese mal lacerante de otra ausencia
y esa esperanza por siempre perdida.

Qué va a hacer si sólo eres ausencia
y ese penar no tiene retroceso
cuando busca otra vez el dulzor de ese beso
que para siempre cure esta dolencia

que le dejó por toda providencia
la silenciosa marcha sin regreso.
Qué va a hacer si sólo fue un suceso
lo que quedaba de aquella existencia

mientras aquel penar tan sólo aviva
la llama de un amor que ayer fue un beso
y hoy llena de pesar esa cercana

amargura que sigue estando viva
y ese pesar todavía preso
de este dolor que casi siempre gana.

Cuando te fuiste quedó desolada
y sin ese reposo hoy fugitivo,
con esta vida ya sin más motivo
que sentirse por ti abandonada;

la dejaste y lloró amargada
como un ciervo sintiéndose cautivo
que escondido esperaba un poco esquivo
la llegada de otra nueva albada.

Mas todo se tornó como esa ausente
esperanza que nunca tiene huida;
como un grito sin voz y sin consuelo,

que busca su salida de repente
pero sólo encuentra aquella hoy perdida
esperanza derrotada y por el suelo.

A dónde mirará cuando te has ido
y olvide hasta el color de tu mirada,
con el alma contrita y desolada
sabiendo que sólo quedará el olvido;

dónde ahora apenado y afligido
buscará al sentirse triste y amargada
otra estela perdida y hoy desolada
ó aquel reposo que ya se ha perdido.

Todo se torna negro de repente
y el vacío la atrapa sin tardanza
que no podrá vivir en otra presencia:

la vida será ya una permanente
herida abierta que dejó esa lanza
y ese doler terrible de otra nueva ausencia.

Qué va a hacer cuando todo sea olvido
y se sienta sin norte y ya perdida,
el alma destrozada y malherida
y con aquel amor siempre desfallecido;

qué hará para olvidar ese amor hoy herido,
la amargura que dejó esa partida
y este doler que llenó aquella vida
con un desamor cruel y desmedido.

Ya no queda reposo al que abrazarse,
ó ese rescoldo donde ardió aquel fuego;
ni tampoco por más que lo quisiera

esa brizna de amor y calentarse:
la vida será ahora solamente un juego
donde hoy se refugia otro pesar cualquiera.

Su marcha fue un puñal que le clavaste
como ese frío que la dejó aterida,
rota ya de dolor y conmovida
cuando en silencio ya sólo callaste;

ese beso fue un dogal que dejaste
cuando rota de miedo y aún dormida,
sola en la cama triste y aterida,
sólo dijiste adiós y te marchaste.

Busca el cariño en esa noche oscura
un poco de templanza y de alegría
que al fin cambie el dolor de esa vida

tan llena de pesar y esa amargura
que hasta poco siempre se escondía
en la sombra cobarde de otra huida.

Indaga la luz la sombra de su anverso,
un tibio sol apenas se estremece
al tiempo que su fulgor desvanece
la infinita quietud del universo;

y despacio se oscurece hasta ese verso
sobre esa amarga estrofa que hoy parece
la tristeza que lentamente aparece
en ese mundo casi siempre adverso.

Ya se aleja esa luz y de su hiriente
extraño resplandor donde entre llantos
tan sólo se consigue otra mordaza

que aprisiona este vivir doliente
para hacer con desnudos desencantos
más que un amor tan sólo otra amenaza.

Se rompe la distancia y cerca queda
al lado de otro tiempo que despunta
la nueva lejanía donde apunta
aquel final perdido en la alameda;

vuelve a sentir la prisión de esa veda
donde despacio cada vez se junta
esa amargura nunca más presunta
y aquel dolor profundo que siempre se queda.

La vida es un pasar atribulado
llena de recuerdos casi perdidos
que ahora dejan triste y maniatada

la memoria más triste del pasado
ó esos sueños a menudo escondidos
sobre el reflejo apagado de aquella albada.

Busca la luz la sombra de su anverso,
un tibio sol apenas aparece
al tiempo que su fulgor ya desvanece
la infinita quietud del universo;

y despacio se amarga hasta ese verso
sobre un pesar que el pesar todavía mece
en una eternidad que ahora estremece
ese futuro casi siempre adverso.

Ya se oscurece esa luz y de su hiriente
extraño resplandor queda entre llantos
el amargo abrazo de esa mordaza

que no deja escapar aquel doliente
universo ahora lleno de quebrantos
con los que la amarga vida siempre amenaza.

Si orgulloso hasta el monte se levanta
entre la espesa niebla renacido
solamente queda de todo lo vivido
un terrible dolor que el alma quebranta;

si esa pena se ahoga en la garganta
y no queda más que pesar y olvido,
¿qué memoria vacía y sin sentido
acogerá esa amargura que tanto espanta?

Si en el fuego apagado de esa lumbre
a menudo se apaga aquella triste llama
para sólo dejar esa triste deriva

sobre el horizonte de aquella podredumbre
donde a veces el destino se encarama,
¿de que ahora servirá saberse cautiva?

Marchó como amargada y en secreto
desentrañó las dudas de la vida
y casi se cerró por fin la herida
que producía ese dolor concreto;

retornó ya de día hacia el discreto
jardín donde enterró esa alegría perdida
para tan sólo hallar casi vencida
una triste desgracia que llegó por decreto.

A pesar del olvido se levanta
que no le gusta la melancolía
ni el horizonte de esa triste tarde;

busca siempre bajo aquella manta
lo poco que aún quedaba de alegría
y otro destino que al fin la resguarde.

Pasar deja lo bueno acontecido,
también la hora amargada y temblorosa
con la que a veces esa visión borrosa
creyó que era vivir lo ya vivido;

olvida sin rin rencor lo padecido
y espera entre triste y misteriosa
que el mundo ya no sea otra vez una losa
sobre un futuro que hoy parece perdido.

Mas a veces resurge entre otro limos
esa extraña legión de muchedumbre
que ajena al pesar de esta existencia

acerca ese pesar como racimos
hasta aguardar que sea mansedumbre
cuánto es solamente pesar y ausencia.

Saber que esa pasión que ahora devora
será tal vez mañana pesadumbre,
el asco de vivir o la costumbre
de escuchar el sonido de la hora;

despertar de un recuerdo que decora
aquel amargor de extraña mansedumbre
donde se alumbra a veces esa lumbre
desgastada y sin luz que hoy triste aflora.

Pasar sobre las brasas de ese sueño
que de pronto despierta en madrugada;
dejarse seducir y que algún día

lo que fue una locura sin dueño
lleve al fin de su mano a otra ensenada
donde al fin mañana renazca la alegría.

Se rompe la distancia y cerca queda
al lado de otro tiempo que despunta
esa negra lejanía que hoy apunta
hacia un lugar perdido en la alameda;

aparece de nuevo en la oscura vereda
esa amargura de afilada punta
y otra tristeza donde siempre se junta
aquel dolor que no conoce veda.

Es hora de emprender otro nuevo camino
donde encontrar al fin aquella vida
que hace ya tiempo perdió su alegría

y por eso aguarda que en un feliz destino
devuelva al fin esa ventura hoy perdida
y ese cariño que hace tiempo se olvidó aquel día

Amiga que has logrado en este día
vestir de luz la noche más oscura
sacando desde lo hondo de su hondura
un brillo que es tan solo ya alegría;

hembra en flor que desde esa lejanía
logras con el caudal de tu hermosura
que cuanto ayer fue pozo de amargura
hoy sea al fin ese amor en el tanto se confía.

Mujer que renacida en este estío
sobre el cálido beso del verano,
rompes ya sin temores el reflejo

de lo que era hasta ayer sombrío frío
y nos llevas para siempre de la mano
hacia esa luz que oscurece en el espejo.

Mujer que aun has logrado en este día
vestir de luz la noche más oscura
sacando desde lo hondo de su hondura
un brillo que ensombrece la alegría;

hembra en flor de coraje y ambrosía
logras con el caudal de esa hermosura
que cuanto ayer fue pozo de amargura
hoy sea al fin ese amor que aun desafía.

Persona que renacida en este estío
sobre el cálido beso del verano,
rompe ya sin temores el reflejo

de lo que era hasta ayer sombrío frío
y lleva para siempre de la mano
aquella oscuridad reflejada en un espejo.

Saber que esa amargura es ahora
siempre pesar y dolorosa pesadumbre,
el asco de vivir ó la costumbre
de escuchar el triste sonido de otra hora;

despertar de ese sueño que decora
esa ausencia de extraña mansedumbre
para alumbrar en su penar esa lumbre
triste y apagada que todavía se añora.

Pasar por los desvelos de ese sueño
que de pronto despierta en madrugada;
dejarse seducir y que algún día

lo que fue aquel afán sin ningún dueño
alcance nuevamente otra ensenada
de sereno reposo y alegría.

Despacio pasa el tiempo y el mañana
vuelve hacia atrás mirando de repente
hacia un raro fulgor que torna a oriente;
y en una ausencia que tal vez lejana

el paso del tiempo triste aplana,
retorna amargamente otro presente
donde llega de nuevo y lentamente
otro rayo de sol que se desgana.

Apenas el pasado se detiene,
retorna la inquietud que al punto implora
cuanto el cielo refleja; luego viene

un sombrío vacío y queda ahora
la suave lentitud que todavía retiene
ese perfil dorado de otra aurora.

Saber que esa pasión que ahora devora
será tal vez mañana pesadumbre,
el asco de vivir o la costumbre
de escuchar el sonido de la hora;

despertar de un olvido que decora
esa amargura de extraña mansedumbre
donde se alumbra en su penar esa lumbre
desgastada y sin luz que triste aflora.

Pasar sobre las brasas de ese sueño
que de pronto despierta en madrugada;
dejarse seducir y que algún día

lo que fue una ventura sin dueño
lleve al fin de su mano a otra ensenada
donde sea mañana tierna la alegría.

Cómo esperar del cielo una ventura,
siquiera algún atisbo de esperanza,
tal vez alguna huida cuando se alcanza
ese mundo cargado de amargura;

todavía dudar que en esta noche oscura
ó en el filo afilado de esa lanza
podrá alguna vez el cariño y la templanza
alegrar la vida de esa criatura.

¿por qué hacia el cielo mira cuando ausente
busca en la soledad de aquella ausencia
rescate sin pagar a ese pobre destino

otro triste vivir donde el presente
se llene al fin de aquella olvidada existencia
donde hace tiempo se perdió ese oscuro camino?

Despacio pasa el tiempo y el mañana
vuelve hacia atrás mirando de repente
hacia un raro fulgor que torna a oriente.
Y en una ausencia que tal vez lejana

la exactitud del olvido triste aplana,
retorna con dolor otro presente
donde llega de nuevo y lentamente
otro rayo de sol que se desgana.

Apenas el reposo se detiene,
retorna la inquietud que al punto implora
cuanto el cielo refleja; luego viene

un sombrío vacío y solo añora
la suave lentitud que no retiene
ese amargo reflejo sobre otra triste aurora.

Apenas si la existencia traspasa
ese frío como de noche oscura
bajo la extraña lucidez de esa locura
que siempre resulta cobarde y escasa;

con inmensa lucidez de otra resaca
se esconde un universo lleno de amargura
donde el dolor de profunda hondura
por desgracia llegó sin pagar si quiera tasa.

Torna de nuevo lo mismo que un errante
a buscar aquel esperanzador destino
más siempre queda pesar y olvido,

un recuerdo de doler constante
y la triste senda de aquel camino
donde se refugió ese amor perdido.

Nada de lo pasado se conmueve
así que ahora queda triste y desolada
esa amargura que aunque ya esperada
torna a una soledad escasamente leve;

mientras que cercana se remueve,
bajo la luz brillante de esa albada
una tristeza que parece encadenada
a ese doloroso futuro ya no se mueve.

De lo vivido queda solamente
un lento caminar que marcha al paso
y una triste existencia que parece perdida,

el recuerdo amargo de un profundo fracaso
que aún aguarda desesperadamente
la luz en aquel ahora doloroso ocaso.

Llega al fin la distancia y cerca queda
ese recuerdo amargo del olvido,
aquel placer que hoy parece perdido
en la triste sombra de otra alameda;

torna otra vez negra sombra de aquella olmeda
un cruel ese cruel destino escondido
y torna nuevamente aquel herido
amor que secuestró una cruel veda.

Es tiempo de un vivir desesperado,
ahora lleno de recuerdos malheridos
hasta dejar solitaria y malherida

esa existencia donde un triste pasado
los pesares jamás se dan por perdidos
ni esos dolorosos sueños hoy parte de la vida.

¿En qué lugar se perdió tan temprano
el rastro de esa efímera esperanza
y dónde se acalló la voz que hoy lanza
su inútil grito despreciado y lejano?

¿Quién descubrió ese pesar siempre cercano,
donde su cortante filo a veces alcanza
otro pesar amargo y sin templanza
hoy alojado en esa oscura mano?

¿Desde qué oscuro cielo llora el llanto
que enmudece esa voz siempre amargada
y aquel silencio de durar tan largo?

Sólo ese grito que es cercano quebranto
ha de traer con su furia desatada
ese recuerdo en es triste letargo?

Con precisión exacta el tiempo ataja
la serena quietud de la existencia
y amargada queda esa conciencia
donde el triste el recuerdo nunca relaja;

se mide en la distancia y jamás baja
el dominio feroz de esa distancia
mientras que poco en la violencia
queda amargura en el un as en esa baraja.

La hora llegó de que al fin la vida
descubra al fin aquel camino escondido
entre los pliegues de un dolor inhumano

que aún guarda solitaria y olvidada
esa desesperanza en algún lugar perdido
tristemente arrancada de ese cariño lejano.

Allí donde la amarga luz enseña
que lentamente llegará otra tarde
se oye otro fulgor donde apenas arde
ese amargo olvido que al final se despeña;

queda ese recuerdo que el placer desdeña,
aquel dolor amargado y cobarde
y un camino donde se resguarde
esa pena ayer triste dueña.

Ahora el miedo hacia otro lugar salta
mientras poco a poco se alumbra esa noche
que en su silencio mostrará algún día

aquella amargura que al pesar asalta,
y sobrada de soberbia y de derroche,
otra realidad casi siempre tardía.

Así como ese amor que ausente espera
la llegada impaciente del amado
sólo halló entre ruinas maniatado
un tiempo que otro tiempo dejó fuera;

buscó entre las rendijas de la esfera
la salvación que persigue el condenado
mas apenas encontró medio apagado
el resto de esa luz en primavera.

Aún cuando en el vivir las amarguras
dejen su ácido rastro de fracaso
siempre quedará el vértigo del vacío,

un deseo infinito de aventuras,
la luz triste de otro nuevo ocaso
y ese inmenso dolor que es siempre el desafío.

Apenas si la claridad traspasa
ese pesar en otra noche oscura
ni todo aquel dolor y desventura
alojados en el quicio de esa casa;

poco a poco aquella luz escasa
ilumina esa penosa amargura
que no pagó ninguna factura
a ese pesar que nunca jamás pasa.

vuelve ahora lo mismo que un errante
a buscar en la vida un nuevo destino
en el que no ha de quedar más que zozobra,

dar un paso siempre hacia adelante
y esperar que al final haya un camino
en el que la renuncia casi siempre sobra.

Así como ese amor que ausente espera
la llegada impaciente del amado
sólo halló entre las ruinas maniatado
un tiempo que el olvido dejó fuera;

buscó en el ecuador de aquella esfera
la salvación que busca el condenado
mas apenas encontró medio apagado
un triste resto de luz en la escalera.

Este vivir siempre lleno de amargura
sólo deja las huellas del pasado,
el insondable abismo del vacío,

un mundo lleno de terrible desventura
ese universo lleno de un pesar malhadado
y el cobarde resto de otro desafío.

Suspirar sobre aquel postrer latido
que sutil despegó aquella paloma
y aguardar en el escondite de otra loma
el lento pulso del postrer latido;

aguardar que ese amor hoy perdido
se temple con el sol en el que tibio asoma
esa amargura que jamás se desploma
en este mundo cruel y sin sentido.

Habrá que esperar que ese vivir sufriente
devuelva a ese corazón su esperanzador latido
para que nuevamente resucite esa vida

en la que un día ese doler impaciente
recupere su aliento perdido
sobre el triste recorrido de otra nueva huida.

La exactitud del tiempo ó lo que queda
de aquel sueño apenas despertado,
lo que está por llegar ó está olvidado
bajo el manto sin sol de aquella olmeda;

la amargura detrás de esa vereda
donde triste reposa lo penado,
todo cuánto quedó ya destrozado
bajo el frío que hiela aquella alameda.

Un penoso amargor, otro nuevo desafío
que ahora ensombrece la claridad de la mañana,
ese tiempo perdido ó su desmayo

y lo que hoy arropa ese inmenso frío
con el inicio de otra triste semana
en el despertar de otro florido mayo.

No quedará detrás de ese amargo olvido
sino la leve marca de una huida,
la triste añoranza ya perdida
y esa rama truncada de otro olivo;

un silencio prisionero y cautivo,
la dolorosa cicatriz de aquella herida
y esperar hallar esa salida
que produce la angustia de lo vivido.

Mas otra vez un recuerdo repentino
agranda amargura angustia que no cesa
mientras espera impacientemente

encontrar ese cariño sin destino
y que el olvido sea amarga promesa
aunque el recuerdo llegue calladamente.

Se despereza en medio del letargo
Lo que no pudo ser ó es tan apenas
Otro nudo anudando las cadenas
Sobre un futuro preñado de embargo;

Que dejará como amargo encargo
Un porvenir nacido entre condenas
Y el hueco que en oscuras alacenas
Almacena el recuerdo más amargo.

En un recodo perdido de la vida,
Con esa precisión de lo imposible,
alumbrará tristemente en el vacío

Un haz de luz apenas encendida
Para mostrar de nuevo el previsible
Fiasco infinito de otro triste desafío.

Extraña levedad con que se ensalza
la blanca luz saliendo de un oscuro,
vientre donde se agita inquieto y puro
otro sueño que en penas se desguaza

en frío amanecer. El sol aplaza
el tardío momento de un futuro
en donde ha de morir aún prematuro
un mundo lleno de cruel amenaza.

Mudas irán pasando tantas horas
y de nuevo renacerán sobre otra triste ausencia
los recuerdos sin nombre de la vida;

ese inútil propósito a deshoras
y esa voz que en su grito ahora silencia
un amargo fracaso hecho a la medida.

Madrugada y el alma no reposa
sobre el vacío lecho del olvido,
otro silencio que rompe en estallido
mientras el pesar amargamente se reposa;

y en el débil pretil de cualquier cosa
se da todo combate por perdido
cuando llega brutal y encarnecido
aquel pesar que al alma siempre acosa.

Pero de nuevo en medio del letargo
la necia liquidez de aquella historia
disuelve lentamente la conciencia

como precio a pagar por un embargo
que en la mudez ruidosa de la gloria
hasta el grito de aquella voz silencia.

Sereno rola cerca un frío viento
y vuelve a aparecer como un extraño
ese dolor amargo que sin daño
en noche gris, como un presentimiento

renacerá sin apenas miramiento
nueva señal que jamás será un apaño
para así recordar como hace casi un año
por no soñar se paga un cien por ciento.

Vuelve en su plenitud ese constante
vivir entre recuerdos de aquella histeria
sobre un amanecer que espera escondido

la llegada por fin, casi al instante,
de algo que entre el pesar y la miseria,
ponga al fin la tristeza a buen resguardo.

En las entrañas mismas de la tierra
quisiera ahora dejar su áspero lastre,
lo que ayer fue pasión y hoy es desastre
cuando la última puerta al fin se cierra;

sobre un cerro desnudo, allá en la sierra,
dejaría que la amargura arrastre
una existencia que ayer se marchó al traste
por esta puerta que la amargura encierra.

Vivió una juventud llena de gracia,
siempre al borde de un recuerdo perdido,
el portón jamás echó el candado

para encerrar por siempre esa desgracia
sobre un ritmo de vida donde el olvido
buscó huir tan sólo hacia el pasado.

Quizá guarde algún pecho con cautela
el palpitar que un día no lejano
poco a poco arranque sin desgano
la necedad sin fin y su cautela;

tal vez como la llama en una vela,
sobre esa amargura de despertar temprano,
traiga al fin sujeto de la mano
rojo temblor saliendo de una estela.

Pasa el tiempo, apenas se detiene
la extraña lentitud de lo olvidado,
cuanto no pudo ser ó es triste engaño;

todo ese olvido donde se contiene,
marca indeleble del maldito legado,
siempre pesar y terrible desengaño

Índice

Esta obra
se acabó de imprimir
con los auspicios de
Charo Fierro y
Antonio J. Huerga, editores

FINIS CORONAT OPUS